AF250715

27

# ORAISON FUNÈBRE



PRONONCÉE

PAR M. L'ABBÉ FACOT

à l'Inhumation de

# M. AIMÉ - ADRIEN CAFFIN

*Décédé le 22 Septembre 1868*

ARRAS

TYPOGRAPHIE ROUSSEAU - LEROY

Rue des Onze-Mille-Vierges

—

1869

Mes Frères,

En présence de cette tombe qui renferme la dépouille de celui que nous pleurons tous, je ne puis me défendre de m'écrier avec l'Apôtre : *O altitudo !* ô profondeur des jugements de notre Dieu ! En effet, comment se fait-il que ce Dieu, aussi juste et aussi saint qu'il est sage, laisse dans la société des êtres qui en font le déshonneur, dont tous les instincts n'aspirent qu'à en causer la ruine tandis qu'il rappelle à Lui, comme prématurément, des hommes qui en faisaient la gloire, et dont la vie entière semblait être un bienfait et une leçon pour leurs frères ? A cette question dont la solution pourtant n'est pas bien difficile, l'impie blasphème, mais le chrétien s'incline, se soumet, adore ; et bien que triste quelquefois par la douleur, il s'écrie avec résignation : *O altitudo !!!* C'est dans ces sentiments de résignation aux arrêts de notre Dieu que je me fais l'interprète de vos désirs, de vos sentiments et de vos regrets en consacrant quelques mots à la mémoire de M. Aimé-Adrien Caffin, dont la précieuse existence vient de s'éteindre parmi nous. Oui, son existence, hélas, trop courte ! a été précieuse. En m'exprimant ainsi, je ne crois rien exagérer : il me semble même vous entendre enchérir sur mes expressions, comme ne répondant pas assez à votre estime et à votre affection. En effet, le digne et intéressant jeune homme que nous regrettons tous a été orné de toutes les qualités qui font le bon fils, le bon frère, le bon citoyen, mais surtout, et c'est ce qui fait sa plus grande gloire, il a possédé les vertus qui font le bon chrétien. Est-il nécessaire de développer mes assertions?... Mais cette affluence insolite, extraordinaire dans nos campagnes, et peut-être même dans les grandes cités, à une cérémonie funèbre, n'en est-elle pas toute seule la plus splendide comme la plus touchante démonstration? Oui, il a été bon fils et bon frère; car cette affluence si émue, si affligée, on pourrait même dire si consternée, arrachée à des travaux pressants, et venue de tous côtés pour se grouper autour de sa tombe, que proclame-t-elle? sinon l'estime, l'affection, le désir de rendre hommage à sa mémoire et d'honorer la vertu. Il est bien impossible que celui qui avait ainsi conquis le cœur de tous ceux qui avaient avec lui des relations, n'ait pas eu les plus délicates attentions pour cette famille dont il faisait partie, et dont il était devenu le chef. Oh! oui, il a été bon fils et bon frère. Tous les familiers de Beauregard le savent bien. Quelle déférence, quelle soumission, quel respect pour cette bonne mère que ses malheurs ont laissée si longtemps à la tête d'une intéressante maison ! Quelle affectueuse reconnaissance pour l'état prospère où elle a remis à ses pupilles, à ses enfants un établissement à peine naissant, quand elle en fut constituée la tutrice. A l'égard de ses bonnes et dignes sœurs, quelle cordialité, quel attachement sincère et affectueux ! Quelle intime union entre tous les membres de cette intéressante famille. L'Écriture, faisant l'éloge de la charité qui régnait parmi les premiers chrétiens, nous apprend qu'ils n'avaient tous qu'un cœur et qu'une âme, et que leur affection réciproque était si vive, qu'ils étaient disposés à mourir les uns pour les autres. Ces sentiments, nous les retrouvons dans notre héroïque jeune homme. Il était moins affligé de ses souffrances et moins troublé de sa mort qu'il entrevoyait, que du deuil, de l'affliction, de la désolation que son départ devait laisser parmi les siens. « Quand je mourrai, me « disait-il, dans une conversation intime, je subirai la loi « commune qu'il faut subir : mais ma pauvre mère, mais mes « bonnes sœurs pourront-elles supporter un tel coup ?... J'ai « souffert beaucoup, me disait-il encore, oh ! que je désirerais « avoir souffert beaucoup plus et voir mes chers parents « moins affligés ! » De sorte que, s'il désirait la conservation de son existence, c'était plus pour sa famille que pour lui. Au reste, il trouvait en elle une réciprocité parfaite ; car il aurait été conservé si la mort eût voulu consentir à échanger sa victime ; oui, sa mère eût été deux fois sa mère, et ses

sœurs seraient devenues des viérges mères. Quelle générosité!
N'est-ce pas l'amour de la famille, n'est-ce pas la piété filiale
dans son épanouissement le plus admirable? Faut-il s'étonner
que ce cher défunt, ayant grandi dans une atmosphère im-
prégnée de si nobles sentiments, soit devenu (j'oserai le dire)
un personnage honoré, estimé, aimé, chéri partout où il était
connu, où la nature et la multiplicité de ses relations le faisaient
connaître dans un rayon fort étendu. Restreignons-nous à
notre localité. Sa position sociale, moins encore que la justesse
de son esprit et la bonté de son cœur, lui avait donné entrée
dans les diverses administrations de la commune, et dans les
discussions, on voyait percer, quoiqu'il parlât peu, la solidité
de son jugement et une propension habituelle à la bienfai-
sance ; dans sa vie privée, quelle politesse, quelle douceur,
quelle bonté à l'égard de chacun, sans en excepter ses inférieurs! Connaissait-il même des inférieurs? Il avait pour tout
le monde un accueil empreint d'affabilité. Quel empressement
à obliger quand on sollicitait de lui quelques services, même
quand ces services préjudiciaient à ses intérêts : car, chacun
aime à le proclamer, le désintéressement était surtout une de
ses belles qualités. Ces qualités, chez lui, avaient leur source dans
une vertu bien précieuse, mère et reine de toutes les autres,
la charité telle que l'entend le christianisme. Aussi jamais l'in-
digence n'a été déçue en lui tendant la main ; j'en ai eu plus
d'une preuve.

Agriculteur par goût, il était intelligent dans la partie. Il a imprimé à cette précieuse industrie sans laquelle toutes les autres ne peuvent que languir une impulsion dont tout le pays lui sera reconnaissant.

A l'intelligence, il joignait l'activité, le zèle même, mais sans cupidité. Il est inévitable que, dans une culture importante, on n'éprouve parfois des accidents, des pertes : il perdait noblement. Au reste, il faut convenir que la bonne Providence le dédommageait par des récoltes habituellement abondantes ; s'il s'en réjouissait, c'était autant dans l'intérêt public que pour le bénéfice personnel qui pouvait lui en revenir. Ah ! il faut en convenir, la perte de tels hommes est une perte sociale. Comme prêtre et pasteur, j'y vois aussi un grand dommage sous le rapport religieux : car c'est un bon chrétien de moins, et le nombre des bons chrétiens est aujourd'hui si petit ! J'ai peu de chose à vous révéler sur sa vertu de religion. Vous savez qu'à aucune époque de sa vie, il n'en a négligé les devoirs. J'ajouterai qu'aux devoirs essentiels, Il joignait les pratiques de surérogation. Aussi qu'il était beau voir ce jeune homme dérober à ses nombreuses occupations le temps nécessaire pour aller rendre à Marie ses hommages, dans l'oratoire de sa famille, pendant tous les jours du mois qui lui est consacré. Qu'il était édifiant de le voir quelquefois rester à genoux après la prière faite en commun, pour achever celle qu'il adressait à saint Joseph à titre de tribut journalier. Vous dirai-je encore qu'il était associé à l'œuvre éminemment catholique et apostolique de la propagation de la Foi, qui

offre après la mort à ceux qui en font partie les plus pré-
cieuses ressources ? Il semble donc que la bonne Providence
ait pris soin de le préparer, à son insu, à une mort préma-
turée, car il ne pouvait mettre dans ses intérêts des avocats
plus bienveillants et plus puissants que Marie et Joseph, qui
sont après Jésus les premiers objets de la piété chrétienne. Aussi
oserai-je dire, qu'il en a abondamment recueilli les fruits aux
approches du moment suprême : car, pendant le cours de cette
longue et cruelle maladie qui l'a ravi à l'estime et à l'affection
publiques, M. Adrien CAFFIN a été un homme supérieur, un
homme vraiment héroïque. Sa patience n'a point failli, même
parmi les plus cruelles souffrances ; et cependant, de l'aveu
des hommes de l'art, il a subi des opérations des plus dou-
loureuses, et il les a subies sans proférer une plainte. Où donc
puisait-il cette patience qu'on pourrait dire invincible ? Dans
sa religion : en voici la preuve. Quand, à la suite de ces opérations si pénibles, je me condamnais à la douleur d'aller lui
rendre une visite, que je lui adressais quelques paroles de condoléance : « Notre-Seigneur, me répondait-il, a souffert bien
« plus que moi, et il était innocent ». Si je l'exhortais à
la patience : « Jusqu'ici, me disait-il, avec simplicité, je
« n'en ai point manqué » ; et c'était vrai. Que l'impiété dise
maintenant que le catholicisme est à l'agonie. Certes, c'est
une agonie bien vitale que celle qui produit des sentiments
aussi magnanimes, aussi sublimes, aussi héroïques. Mais si
ces sentiments font sa gloire, ils font aussi notre consolation ;

car, d'après l'enseignements d'un apôtre, c'est la patience qui imprime aux actes du chrétien le cachet de la perfection. Nous avons donc des motifs nombreux et bien fondés pour nous rassurer sur ses destinées éternelles. Ces motifs, nous désirerions les offrir comme un tempérament aux regrets de ses nombreux amis, et surtout à l'innocente et bien légitime désolation de son honorable famille, si nous ne savions qu'il est des peines et des douleurs qui ne veulent être consolées ; témoin, cette Rachel des affligés, dont parle Jérémie, et qui était comme brisée par un coup analogue à celui que notre Dieu, dans ses décrets impénétrables, vient de frapper parmi nous : *Rachel plorans noluit consolari...* Cependant, nous dirons que là où la parole de l'homme reste impuissante, la foi et la grâce obtiennent leurs plus glorieux triomphes. En voici une preuve de fait qui me revient assez à propos. Saint Paulin, évêque de Nôle, parlant de sa parente sainte Mélanie qui déjà pleurait la perte d'un époux tendrement aimé, avait de plus vu mourir successivement sa nombreuse famille à l'exception de son dernier-né ; saint Paulin, dis-je, nous dépeint sa triste situation : Elle était, dit-il, avec ce petit enfant, reste malheureux d'une grande ruine, qui, bien loin de la consoler, ne faisait qu'aigrir sa douleur. Cependant notre Dieu qui se plaît à épurer ses élus, et qui, dans les sacrifices, aime par-dessus tout l'holocauste, frappe un dernier coup, il lui ravit ce seul objet sur lequel se reposait sa tendresse, ou plutôt sa douleur. Elle est épouse, elle est mère, la nature

réclame ses droits, mais elle n'oublie pas qu'elle est chrétienne. Elle appelle la foi à son secours. Cette vertu l'il-
lumine : elle voit tous les objets de sa tendresse et de ses
larmes, heureux du bonheur des élus dans le sein de Dieu.
« Seigneur, s'écrie-t-elle aussitôt, vous avez rompu jusqu'à
mes derniers liens, je n'ai plus rien qui m'attache à la terre, je
n'aimerai plus désormais que Vous seul, soyez à jamais
béni ! »

Daigne notre Dieu qui ne blesse que pour guérir, consoler
aussi nos pieuses et intéressantes Mélanies par la pensée du
bonheur réservé à ce bon fils, à cet aimable frère, à ce digne
citoyen, mais surtout à ce chrétien fidèle. Daigne la Mère de
douleur, dont l'affliction aussi vaste que la mer, en voyant
mourir le plus parfait et le plus saint de tous les fils, lui a
mérité le privilége de devenir la Consolatrice des affligés, ré-
pandre dans leur âme le baume mystérieux qui fait aimer la
souffrance quand il ne la guérit point, et adoucir ainsi la
peine que nous éprouvons tous de leur perte et de leur désolation.

Et nous, chrétiens, témoins de cette pompe funèbre qui
excite tant de regrets, qui fait couler tant de larmes, et qui
par cela même devient comme un triomphe pour celui qui en
est l'objet, serons-nous tout entiers à notre douleur, et à la
compassion pour ceux que ce coup funeste frappe plus immé-
diatement ? Oh ! nous ferions injure à ce calme héroïque avec
lequel notre cher et vénéré défunt entrevoyait la mort, et

nous attristerions la piété de ses dignes et bien-aimés parents. Après donc avoir payé à cette respectable famille le tribut de sympathique condoléance qui lui est dû à tous les titres, replions-nous sur nous-mêmes et demandons-nous si, pouvant d'un moment à l'autre nous trouver en présence de notre Juge, nous n'aurions point plus à craindre qu'à espérer; dans le cas d'une réponse peu rassurante, suivons le conseil de saint Chrysostome, corrigeons nos errements : *Errata corrige ;* changeons entièrement de conduite : *Optimam fac morum mutationem*, et nous pourrons encore prétendre aux miséricordes et aux récompenses de notre Dieu, et espérer de nous trouver un jour associés au bonheur de celui que nous pleurons.

Arras. — Typ. Rousseau-Leroy, rue des Onze-Mille-Vierges.

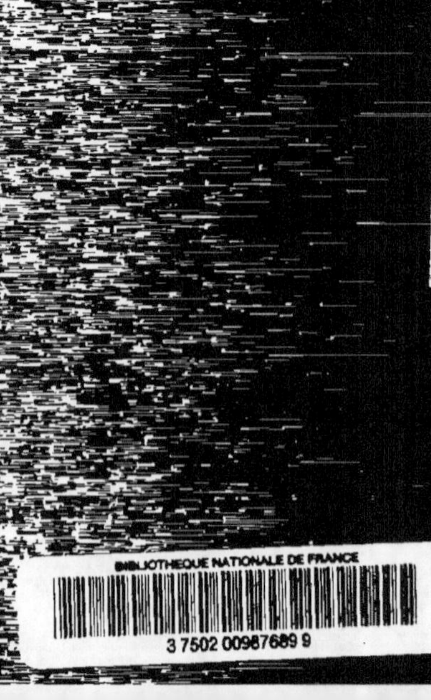

www.ingramcontent.com/pod-product-compliance
Lightning Source LLC
Chambersburg PA
CBHW051448060726
47596CB00006B/2683